"Coach Gregism's" Weekly Engagement Calendar

Greg "Stormin'" Gorman

This is a "hybrid," a calendar with my quotes from *Glue*, one for each week, with a side page to use for a to-do list—something fun that people can use to write in for daily reminders on a weekly basis. There are sixty-seven quotes in all, and 1967 was the year I was born. :)

"Don't change for change's sake."

Make a change only if it's for the better or for a positive outcome. Some changes have a reverse effect; therefore, choose wisely.

Week 1
(January 1–January 7)

1	**Sunday**
2	**Monday**
3	**Tuesday**
4	**Wednesday**
5	**Thursday**
6	**Friday**
7	**Saturday**

Holiday:
New Year's Day
(January 1)

"Life is great . . . Living it is better."

February						
S	M	T	W	T	F	S
			1	2	3	4
5	6	7	8	9	10	11
12	13	14	15	16	17	18
19	20	21	22	23	24	25
26	27	28				

2017

"It doesn't matter what's right, or wrong, anymore—it's what one believes. Perceptions rule the mind now."

Week 2

(January 8–January 14)

8	**SUNDAY**
9	**MONDAY**
10	**TUESDAY**
11	**WEDNESDAY**
12	**THURSDAY**
13	**FRIDAY**
14	**SATURDAY**

NOTES

_____
_____
_____
_____
_____
_____
_____
_____
_____
_____
_____
_____

February

S	M	T	W	T	F	S
			1	2	3	4
5	6	7	8	9	10	11
12	13	14	15	16	17	18
19	20	21	22	23	24	25
26	27	28				

2017

"The Fortnight Theory": Everyone wants to change for the better. Sometimes things get better for a few days, and then it goes back to the same old, same old. If you give it two weeks and nothing changes, it never will.

Week 3

15	**Sunday**
16	**Monday**
17	**Tuesday**
18	**Wednesday**
19	**Thursday**
20	**Friday**
21	**Saturday**

Holiday:
Martin Luther King Day
(January 16)

Racism and hate are "learned" emotions. They're not inborn, and sometimes these views depend on your surroundings and how you're taught by your family and peers. Therefore, learn to accept others for who they are at all times.

Notes

_____
_____
_____
_____
_____
_____
_____
_____
_____
_____
_____

February						
S	M	T	W	T	F	S
			1	2	3	4
5	6	7	8	9	10	11
12	13	14	15	16	17	18
19	20	21	22	23	24	25
26	27	28				

2017

Be consistent, not "consistently inconsistent."

_____

_____

_____

_____

_____

_____

_____

_____

_____

_____

_____

_____

_____

WEEK 4
(JANUARY 22–JANUARY 28)

22	**SUNDAY**
23	**MONDAY**
24	**TUESDAY**
25	**WEDNESDAY**
26	**THURSDAY**
27	**FRIDAY**
28	**SATURDAY**

February

S	M	T	W	T	F	S
			1	2	3	4
5	6	7	8	9	10	11
12	13	14	15	16	17	18
19	20	21	22	23	24	25
26	27	28				

2017

"Once you're satisfied, there's not much else to yearn for."

Week 5

(January 29–February 4)

29	**SUNDAY**
30	**MONDAY**
31	**TUESDAY**

February

1	**WEDNESDAY**
2	**THURSDAY**
3	**FRIDAY**
4	**SATURDAY**

_____
_____
_____
_____
_____
_____
_____
_____
_____
_____
_____
_____
_____

January

S	M	T	W	T	F	S
1	2	3	4	5	6	7
8	9	10	11	12	13	14
15	16	17	18	19	20	21
22	23	24	25	26	27	28
29	30	31				

February

S	M	T	W	T	F	S
			1	2	3	4
5	6	7	8	9	10	11
12	13	14	15	16	17	18
19	20	21	22	23	24	25
26	27	28				

2017

"Being talented is attractive, but being attractive is not a talent."

Week 6

(February 5–February 11)

5	**Sunday**
6	**Monday**
7	**Tuesday**
8	**Wednesday**
9	**Thursday**
10	**Friday**
11	**Saturday**

NOTES

_____
_____
_____
_____
_____
_____
_____
_____
_____
_____
_____

January						
S	M	T	W	T	F	S
1	2	3	4	5	6	7
8	9	10	11	12	13	14
15	16	17	18	19	20	21
22	23	24	25	26	27	28
29	30	31				

February						
S	M	T	W	T	F	S
			1	2	3	4
5	6	7	8	9	10	11
12	13	14	15	16	17	18
19	20	21	22	23	24	25
26	27	28				

2017

Smiling and acknowledging one another is the best medicine for all.

WEEK 7

(FEBRUARY 12–FEBRUARY 18)

12	**SUNDAY**
13	**MONDAY**
14	**TUESDAY**
15	**WEDNESDAY**
16	**THURSDAY**
17	**FRIDAY**
18	**SATURDAY**

HOLIDAY:

Valentine's Day

(FEBRUARY 14)

Beauty is in the "eye of the beholder," and the "inside" is more important than the "outside."

January

S	M	T	W	T	F	S
1	2	3	4	5	6	7
8	9	10	11	12	13	14
15	16	17	18	19	20	21
22	23	24	25	26	27	28
29	30	31				

February

S	M	T	W	T	F	S
			1	2	3	4
5	6	7	8	9	10	11
12	13	14	15	16	17	18
19	20	21	22	23	24	25
26	27	28				

2017

"Less is more." Learn to live within your means.

WEEK 8

19	**SUNDAY**
20	**MONDAY**
21	**TUESDAY**
22	**WEDNESDAY**
23	**THURSDAY**
24	**FRIDAY**
25	**SATURDAY**

HOLIDAY:

President's Day

(FEBRUARY 20)

Guide yourself over "the hurdles of life." Sometimes you jump high enough that you can clear anything that comes your way. Then there are times you might stumble and fall. But it's a matter of picking yourself up, not giving up, and then doing it over again to make it all better. *This* is essential to life, every moment, and every day.

NOTES

_____

_____

_____

_____

_____

_____

_____

_____

_____

_____

_____

_____

_____

_____

_____

January						
S	M	T	W	T	F	S
1	2	3	4	5	6	7
8	9	10	11	12	13	14
15	16	17	18	19	20	21
22	23	24	25	26	27	28
29	30	31				

February						
S	M	T	W	T	F	S
			1	2	3	4
5	6	7	8	9	10	11
12	13	14	15	16	17	18
19	20	21	22	23	24	25
26	27	28				

2017

People need to heed their own advice and "practice what they preach."

_____

_____

_____

_____

_____

_____

_____

_____

_____

_____

Week 9

(February 26–March 4)

26	**Sunday**
27	**Monday**
28	**Tuesday**

March

1	**Wednesday**
2	**Thursday**
3	**Friday**
4	**Saturday**

February

S	M	T	W	T	F	S
			1	2	3	4
5	6	7	8	9	10	11
12	13	14	15	16	17	18
19	20	21	22	23	24	25
26	27	28				

April

S	M	T	W	T	F	S
						1
2	3	4	5	6	7	8
9	10	11	12	13	14	15
16	17	18	19	20	21	22
23	24	25	26	27	28	29
30						

2017

In life, it's better to be a great listener than a great speaker. Listen to understand, not to reply.

Week 10

(March 5–March 11)

5	**Sunday**
6	**Monday**
7	**Tuesday**
8	**Wednesday**
9	**Thursday**
10	**Friday**
11	**Saturday**

Notes

_____
_____
_____
_____
_____
_____
_____
_____
_____
_____
_____
_____
_____

February

S	M	T	W	T	F	S
			1	2	3	4
5	6	7	8	9	10	11
12	13	14	15	16	17	18
19	20	21	22	23	24	25
26	27	28				

April

S	M	T	W	T	F	S
						1
2	3	4	5	6	7	8
9	10	11	12	13	14	15
16	17	18	19	20	21	22
23	24	25	26	27	28	29
30						

2017

"Cluttered house = cluttered mind . . . Clean house = clean mind."

WEEK 11
(MARCH 12–MARCH 18)

12	**SUNDAY**
13	**MONDAY**
14	**TUESDAY**
15	**WEDNESDAY**
16	**THURSDAY**
17	**FRIDAY**
18	**SATURDAY**

February

S	M	T	W	T	F	S
			1	2	3	4
5	6	7	8	9	10	11
12	13	14	15	16	17	18
19	20	21	22	23	24	25
26	27	28				

April

S	M	T	W	T	F	S
						1
2	3	4	5	6	7	8
9	10	11	12	13	14	15
16	17	18	19	20	21	22
23	24	25	26	27	28	29
30						

2017

"Everyone likes to give their 'two cents' worth,' but it's starting to become more like a nickel, a dime, or even a quarter."

WEEK 12

(MARCH 19–MARCH 25)

19	**SUNDAY**
20	**MONDAY**
21	**TUESDAY**
22	**WEDNESDAY**
23	**THURSDAY**
24	**FRIDAY**
25	**SATURDAY**

February

S	M	T	W	T	F	S
			1	2	3	4
5	6	7	8	9	10	11
12	13	14	15	16	17	18
19	20	21	22	23	24	25
26	27	28				

April

S	M	T	W	T	F	S
						1
2	3	4	5	6	7	8
9	10	11	12	13	14	15
16	17	18	19	20	21	22
23	24	25	26	27	28	29
30						

2017

"Offense sells tickets, but *Defense* wins championships."

WEEK 13

(MARCH 26–APRIL 1)

26	**SUNDAY**
27	**MONDAY**
28	**TUESDAY**
29	**WEDNESDAY**
30	**THURSDAY**
31	**FRIDAY**

APRIL

1	**SATURDAY**

February

S	M	T	W	T	F	S
			1	2	3	4
5	6	7	8	9	10	11
12	13	14	15	16	17	18
19	20	21	22	23	24	25
26	27	28				

April

S	M	T	W	T	F	S
						1
2	3	4	5	6	7	8
9	10	11	12	13	14	15
16	17	18	19	20	21	22
23	24	25	26	27	28	29
30						

2017

"Life's like a neutered dog." Don't get overly excited because someone or something will yank your chain and smack you right back into reality.

WEEK 14

(APRIL 2–APRIL 8)

2	**SUNDAY**
3	**MONDAY**
4	**TUESDAY**
5	**WEDNESDAY**
6	**THURSDAY**
7	**FRIDAY**
8	**SATURDAY**

February

S	M	T	W	T	F	S
			1	2	3	4
5	6	7	8	9	10	11
12	13	14	15	16	17	18
19	20	21	22	23	24	25
26	27	28				

April

S	M	T	W	T	F	S
						1
2	3	4	5	6	7	8
9	10	11	12	13	14	15
16	17	18	19	20	21	22
23	24	25	26	27	28	29
30						

2017

"Common sense isn't so common anymore."

Week 15

(April 9–April 15)

9	**SUNDAY**
10	**MONDAY**
11	**TUESDAY**
12	**WEDNESDAY**
13	**THURSDAY**
14	**FRIDAY**
15	**SATURDAY**

NOTES

_____

_____

_____

_____

_____

_____

_____

_____

_____

_____

_____

_____

March

S	M	T	W	T	F	S
			1	2	3	4
5	6	7	8	9	10	11
12	13	14	15	16	17	18
19	20	21	22	23	24	25
26	27	28	29	30	31	

May

S	M	T	W	T	F	S
	1	2	3	4	5	6
7	8	9	10	11	12	13
14	15	16	17	18	19	20
21	22	23	24	25	26	27
28	29	30	31			

2017

One word that needs to be taken out of the dictionary: *promise*. Let's try not to use that word—say "I'll do my best" instead. Stop with the promises; so many go unfulfilled and broken that they can really hurt and be devastating.

Week 16

NOTES

16	**SUNDAY**
17	**MONDAY**
18	**TUESDAY**
19	**WEDNESDAY**
20	**THURSDAY**
21	**FRIDAY**
22	**SATURDAY**

HOLIDAY:

Easter

(APRIL 16)

"From adversity comes courage, confidence, and character."

March

S	M	T	W	T	F	S
			1	2	3	4
5	6	7	8	9	10	11
12	13	14	15	16	17	18
19	20	21	22	23	24	25
26	27	28	29	30	31	

May

S	M	T	W	T	F	S
	1	2	3	4	5	6
7	8	9	10	11	12	13
14	15	16	17	18	19	20
21	22	23	24	25	26	27
28	29	30	31			

2017

Broken bones eventually mend, but a broken heart can last forever.

Week 17

23	**Sunday**
24	**Monday**
25	**Tuesday**
26	**Wednesday**
27	**Thursday**
28	**Friday**
29	**Saturday**

Notes

March						
S	M	T	W	T	F	S
			1	2	3	4
5	6	7	8	9	10	11
12	13	14	15	16	17	18
19	20	21	22	23	24	25
26	27	28	29	30	31	

May						
S	M	T	W	T	F	S
	1	2	3	4	5	6
7	8	9	10	11	12	13
14	15	16	17	18	19	20
21	22	23	24	25	26	27
28	29	30	31			

2017

"Leadership": for some, it's instinct; for others, it's a learned process, but the chosen always make a difference in the end.

WEEK 18

(APRIL 30–MAY 6)

30	**SUNDAY**

MAY

1	**MONDAY**
2	**TUESDAY**
3	**WEDNESDAY**
4	**THURSDAY**
5	**FRIDAY**
6	**SATURDAY**

NOTES

March						
S	M	T	W	T	F	S
			1	2	3	4
5	6	7	8	9	10	11
12	13	14	15	16	17	18
19	20	21	22	23	24	25
26	27	28	29	30	31	

May						
S	M	T	W	T	F	S
	1	2	3	4	5	6
7	8	9	10	11	12	13
14	15	16	17	18	19	20
21	22	23	24	25	26	27
28	29	30	31			

2017

WISH: Will + Intelligence + Skill + Heart—these four traits will lead you to the "Promised Land" in all of life's challenges.

Week 19

(May 7–May 13)

7	**SUNDAY**
8	**MONDAY**
9	**TUESDAY**
10	**WEDNESDAY**
11	**THURSDAY**
12	**FRIDAY**
13	**SATURDAY**

NOTES

April						
S	M	T	W	T	F	S
						1
2	3	4	5	6	7	8
9	10	11	12	13	14	15
16	17	18	19	20	21	22
23	24	25	26	27	28	29
30						

June						
S	M	T	W	T	F	S
				1	2	3
4	5	6	7	8	9	10
11	12	13	14	15	16	17
18	19	20	21	22	23	24
25	26	27	28	29	30	

2017

"Once you believe, anything can happen." (Mantra for '13 State Champions)

Week 20
(May 14–May 20)

14	**Sunday**
15	**Monday**
16	**Tuesday**
17	**Wednesday**
18	**Thursday**
19	**Friday**
20	**Saturday**

Notes

Holiday:
Mother's Day
(May 14)

"If there's such a thing as reincarnation, I pray I come back as a dog." A dog loves you more than he loves himself, and that's my philosophy in life. No wonder dog spelled backward is "God"—God definitely knew what he was doing when he created man's best friend.

April
S	M	T	W	T	F	S
						1
2	3	4	5	6	7	8
9	10	11	12	13	14	15
16	17	18	19	20	21	22
23	24	25	26	27	28	29
30						

June
S	M	T	W	T	F	S
				1	2	3
4	5	6	7	8	9	10
11	12	13	14	15	16	17
18	19	20	21	22	23	24
25	26	27	28	29	30	

2017

"Healing" internally to be happy on the inside = ultimate happiness

WEEK 21

(MAY 21 – MAY 27)

21	**SUNDAY**
22	**MONDAY**
23	**TUESDAY**
24	**WEDNESDAY**
25	**THURSDAY**
26	**FRIDAY**
27	**SATURDAY**

April

S	M	T	W	T	F	S
						1
2	3	4	5	6	7	8
9	10	11	12	13	14	15
16	17	18	19	20	21	22
23	24	25	26	27	28	29
30						

June

S	M	T	W	T	F	S
				1	2	3
4	5	6	7	8	9	10
11	12	13	14	15	16	17
18	19	20	21	22	23	24
25	26	27	28	29	30	

2017

"Keep the Faith, Hope for the best, BElieve in YOUrself" are the essential keys in life for us all.

Week 22
(May 28–June 3)

28	**SUNDAY**
29	**MONDAY**
30	**TUESDAY**
31	**WEDNESDAY**

June

1	**THURSDAY**
2	**FRIDAY**
3	**SATURDAY**

NOTES

April						
S	M	T	W	T	F	S
						1
2	3	4	5	6	7	8
9	10	11	12	13	14	15
16	17	18	19	20	21	22
23	24	25	26	27	28	29
30						

June						
S	M	T	W	T	F	S
				1	2	3
4	5	6	7	8	9	10
11	12	13	14	15	16	17
18	19	20	21	22	23	24
25	26	27	28	29	30	

2017

Fully listen to understand, or you'll fall flat on your face—literally. If you "burn bridges," you'll eventually find that no one will be there to help pick you up or be "on your side" when all is said and done.

Week 23

(June 4–June 10)

4	**Sunday**
5	**Monday**
6	**Tuesday**
7	**Wednesday**
8	**Thursday**
9	**Friday**
10	**Saturday**

May

S	M	T	W	T	F	S
	1	2	3	4	5	6
7	8	9	10	11	12	13
14	15	16	17	18	19	20
21	22	23	24	25	26	27
28	29	30	31			

July

S	M	T	W	T	F	S
						1
2	3	4	5	6	7	8
9	10	11	12	13	14	15
16	17	18	19	20	21	22
23	24	25	26	27	28	29
30	31					

2017

Depression doesn't discriminate. It can happen at any age, to any gender, to any creed, at any time in your life.

Week 24

(June 11–June 17)

11	**Sunday**
12	**Monday**
13	**Tuesday**
14	**Wednesday**
15	**Thursday**
16	**Friday**
17	**Saturday**

NOTES

May						
S	M	T	W	T	F	S
	1	2	3	4	5	6
7	8	9	10	11	12	13
14	15	16	17	18	19	20
21	22	23	24	25	26	27
28	29	30	31			

July						
S	M	T	W	T	F	S
						1
2	3	4	5	6	7	8
9	10	11	12	13	14	15
16	17	18	19	20	21	22
23	24	25	26	27	28	29
30	31					

2017

"Some people in life 'get it,' some people just 'don't get *it*,' then there's some that just 'don't want to get *it*,' and the latter group is growing larger day by day."

Week 25

18	**Sunday**
19	**Monday**
20	**Tuesday**
21	**Wednesday**
22	**Thursday**
23	**Friday**
24	**Saturday**

Holiday:
Father's Day
(June 18)

"If you have much to say and always hold it in, *you cannot win.* 'Feed the need' to reach out, let it out, shout it out if need be."

NOTES

May

S	M	T	W	T	F	S
	1	2	3	4	5	6
7	8	9	10	11	12	13
14	15	16	17	18	19	20
21	22	23	24	25	26	27
28	29	30	31			

July

S	M	T	W	T	F	S
						1
2	3	4	5	6	7	8
9	10	11	12	13	14	15
16	17	18	19	20	21	22
23	24	25	26	27	28	29
30	31					

2017

"I am one, I am whole, I am one with my soul."

_____

_____

_____

_____

_____

_____

_____

_____

_____

_____

_____

_____

Week 26

25	**Sunday**
26	**Monday**
27	**Tuesday**
28	**Wednesday**
29	**Thursday**
30	**Friday**
July	
1	**Saturday**

NOTES

			May			
S	M	T	W	T	F	S
	1	2	3	4	5	6
7	8	9	10	11	12	13
14	15	16	17	18	19	20
21	22	23	24	25	26	27
28	29	30	31			

			July			
S	M	T	W	T	F	S
						1
2	3	4	5	6	7	8
9	10	11	12	13	14	15
16	17	18	19	20	21	22
23	24	25	26	27	28	29
30	31					

2017

"History can repeat itself." Therefore, tread lightly when it comes to your past scars because demons can arise again and you might be burned worse than before.

Week 27

2	**Sunday**
3	**Monday**
4	**Tuesday**
5	**Wednesday**
6	**Thursday**
7	**Friday**
8	**Saturday**

Holiday:
Independence Day
(July 4)

"*Always* keep believing, *aspire* to dream, and *reach* for your goals no matter what it takes to fulfill them."

Notes

_____

_____

_____

_____

_____

_____

_____

_____

_____

_____

_____

_____

June						
S	**M**	**T**	**W**	**T**	**F**	**S**
				1	2	3
4	5	6	7	8	9	10
11	12	13	14	15	16	17
18	19	20	21	22	23	24
25	26	27	28	29	30	

August						
S	**M**	**T**	**W**	**T**	**F**	**S**
		1	2	3	4	5
6	7	8	9	10	11	12
13	14	15	16	17	18	19
20	21	22	23	24	25	26
27	28	29	30	31		

2017

The mentality of many people today is "I want things to get better, but I don't want anything to change." In order for something to improve, you can't have it both ways.

_____

_____

_____

_____

_____

_____

_____

_____

_____

_____

_____

WEEK 28

(JULY 9–JULY 8)

9	**SUNDAY**
10	**MONDAY**
11	**TUESDAY**
12	**WEDNESDAY**
13	**THURSDAY**
14	**FRIDAY**
15	**SATURDAY**

NOTES

June						
S	M	T	W	T	F	S
				1	2	3
4	5	6	7	8	9	10
11	12	13	14	15	16	17
18	19	20	21	22	23	24
25	26	27	28	29	30	

August						
S	M	T	W	T	F	S
		1	2	3	4	5
6	7	8	9	10	11	12
13	14	15	16	17	18	19
20	21	22	23	24	25	26
27	28	29	30	31		

2017

"Win with class, lose with class."

_____

_____

_____

_____

_____

_____

_____

_____

_____

_____

_____

_____

_____

Week 29

(July 16–July 22)

16	**SUNDAY**
17	**MONDAY**
18	**TUESDAY**
19	**WEDNESDAY**
20	**THURSDAY**
21	**FRIDAY**
22	**SATURDAY**

NOTES

_____

_____

_____

_____

_____

_____

_____

_____

_____

_____

_____

June

S	M	T	W	T	F	S
				1	2	3
4	5	6	7	8	9	10
11	12	13	14	15	16	17
18	19	20	21	22	23	24
25	26	27	28	29	30	

August

S	M	T	W	T	F	S
		1	2	3	4	5
6	7	8	9	10	11	12
13	14	15	16	17	18	19
20	21	22	23	24	25	26
27	28	29	30	31		

2017

In life, do not judge and think you understand everything. Be careful of how you interpret any and all situations in life. Unless you've walked in someone's shoes, you better make sure the shoes fit, or you'll literally be stepping on toes and breaking ankles.

Week 30

(July 23–July 29)

23	**SUNDAY**
24	**MONDAY**
25	**TUESDAY**
26	**WEDNESDAY**
27	**THURSDAY**
28	**FRIDAY**
29	**SATURDAY**

June

S	M	T	W	T	F	S
				1	2	3
4	5	6	7	8	9	10
11	12	13	14	15	16	17
18	19	20	21	22	23	24
25	26	27	28	29	30	

August

S	M	T	W	T	F	S
		1	2	3	4	5
6	7	8	9	10	11	12
13	14	15	16	17	18	19
20	21	22	23	24	25	26
27	28	29	30	31		

2017

Hearsay and gossip ruin so many things, most importantly friendships, relationships, and trust.

_____

_____

_____

_____

_____

_____

_____

_____

_____

_____

Week 31

(July 30–August 5)

30	**Sunday**
31	**Monday**

August

1	**Tuesday**
2	**Wednesday**
3	**Thursday**
4	**Friday**
5	**Saturday**

NOTES

June						
S	M	T	W	T	F	S
				1	2	3
4	5	6	7	8	9	10
11	12	13	14	15	16	17
18	19	20	21	22	23	24
25	26	27	28	29	30	

August						
S	M	T	W	T	F	S
		1	2	3	4	5
6	7	8	9	10	11	12
13	14	15	16	17	18	19
20	21	22	23	24	25	26
27	28	29	30	31		

2017

"Never say *never*." You just never know when something will happen in life.

Week 32

(August 6–August 12)

6	**Sunday**
7	**Monday**
8	**Tuesday**
9	**Wednesday**
10	**Thursday**
11	**Friday**
12	**Saturday**

Notes

_____
_____
_____
_____
_____
_____
_____
_____
_____
_____
_____
_____

July						
S	M	T	W	T	F	S
						1
2	3	4	5	6	7	8
9	10	11	12	13	14	15
16	17	18	19	20	21	22
23	24	25	26	27	28	29
30	31					

September						
S	M	T	W	T	F	S
					1	2
3	4	5	6	7	8	9
10	11	12	13	14	15	16
17	18	19	20	21	22	23
24	25	26	27	28	29	30

2017

Be the person people want to reach out to. Be honest, sincere, and trustworthy, but be selective with regard to whom you reach out to. It must work both ways.

WEEK 33

(AUGUST 13–AUGUST 19)

13	**SUNDAY**
14	**MONDAY**
15	**TUESDAY**
16	**WEDNESDAY**
17	**THURSDAY**
18	**FRIDAY**
19	**SATURDAY**

July

S	M	T	W	T	F	S
						1
2	3	4	5	6	7	8
9	10	11	12	13	14	15
16	17	18	19	20	21	22
23	24	25	26	27	28	29
30	31					

September

S	M	T	W	T	F	S
					1	2
3	4	5	6	7	8	9
10	11	12	13	14	15	16
17	18	19	20	21	22	23
24	25	26	27	28	29	30

2017

Focus on the matter at hand. Get into the "element" and be in the "zone."

Week 34

20	**Sunday**
21	**Monday**
22	**Tuesday**
23	**Wednesday**
24	**Thursday**
25	**Friday**
26	**Saturday**

Notes

_____

_____

_____

_____

_____

_____

_____

_____

_____

_____

_____

_____

July						
S	M	T	W	T	F	S
						1
2	3	4	5	6	7	8
9	10	11	12	13	14	15
16	17	18	19	20	21	22
23	24	25	26	27	28	29
30	31					

September						
S	M	T	W	T	F	S
					1	2
3	4	5	6	7	8	9
10	11	12	13	14	15	16
17	18	19	20	21	22	23
24	25	26	27	28	29	30

2017

"People who always think they know your story have usually never finished a book in their life."

_____

_____

_____

_____

_____

_____

_____

_____

_____

_____

_____

Week 35

(August 27–September 2)

27	**Sunday**
28	**Monday**
29	**Tuesday**
30	**Wednesday**
31	**Thursday**

September

1	**Friday**
2	**Saturday**

NOTES

_____

_____

_____

_____

_____

_____

_____

_____

_____

_____

_____

_____

July						
S	M	T	W	T	F	S
						1
2	3	4	5	6	7	8
9	10	11	12	13	14	15
16	17	18	19	20	21	22
23	24	25	26	27	28	29
30	31					

September						
S	M	T	W	T	F	S
					1	2
3	4	5	6	7	8	9
10	11	12	13	14	15	16
17	18	19	20	21	22	23
24	25	26	27	28	29	30

2017

"Things have become so politically correct that they're incorrect."

Week 36

NOTES

3	**Sunday**
4	**Monday**
5	**Tuesday**
6	**Wednesday**
7	**Thursday**
8	**Friday**
9	**Saturday**

Holiday:

Labor Day

(September 4)

"There's a game we *all* play every day—that game, it's called *life*."

August

S	M	T	W	T	F	S
		1	2	3	4	5
6	7	8	9	10	11	12
13	14	15	16	17	18	19
20	21	22	23	24	25	26
27	28	29	30	31		

October

S	M	T	W	T	F	S
1	2	3	4	5	6	7
8	9	10	11	12	13	14
15	16	17	18	19	20	21
22	23	24	25	26	27	28
29	30	31				

2017

If people would simplify, their lives would be easier. This analogy also goes hand in hand in sports and coaching. Keep it simple for the players and don't complicate—that's a key for team success and to be on the same page.

Week 37

(September 10—September 16)

10	**SUNDAY**
11	**MONDAY**
12	**TUESDAY**
13	**WEDNESDAY**
14	**THURSDAY**
15	**FRIDAY**
16	**SATURDAY**

August

S	M	T	W	T	F	S
		1	2	3	4	5
6	7	8	9	10	11	12
13	14	15	16	17	18	19
20	21	22	23	24	25	26
27	28	29	30	31		

October

S	M	T	W	T	F	S
1	2	3	4	5	6	7
8	9	10	11	12	13	14
15	16	17	18	19	20	21
22	23	24	25	26	27	28
29	30	31				

2017

"Convenience" friendships = you're not a priority to others. It's better to be a priority to a few who love you than an afterthought to many.

Week 38

(September 17–September 23)

17	**SUNDAY**
18	**MONDAY**
19	**TUESDAY**
20	**WEDNESDAY**
21	**THURSDAY**
22	**FRIDAY**
23	**SATURDAY**

August

S	M	T	W	T	F	S
		1	2	3	4	5
6	7	8	9	10	11	12
13	14	15	16	17	18	19
20	21	22	23	24	25	26
27	28	29	30	31		

October

S	M	T	W	T	F	S
1	2	3	4	5	6	7
8	9	10	11	12	13	14
15	16	17	18	19	20	21
22	23	24	25	26	27	28
29	30	31				

2017

"At my age, you don't sleep around . . . but a nap always sounds good."

Week 39

(September 24–September 30)

24	**Sunday**
25	**Monday**
26	**Tuesday**
27	**Wednesday**
28	**Thursday**
29	**Friday**
30	**Saturday**

August

S	M	T	W	T	F	S
		1	2	3	4	5
6	7	8	9	10	11	12
13	14	15	16	17	18	19
20	21	22	23	24	25	26
27	28	29	30	31		

October

S	M	T	W	T	F	S
1	2	3	4	5	6	7
8	9	10	11	12	13	14
15	16	17	18	19	20	21
22	23	24	25	26	27	28
29	30	31				

2017

The only exercise some people get is jumping to conclusions, throwing others under the bus, and pushing their luck.

Week 40

1	**Sunday**
2	**Monday**
3	**Tuesday**
4	**Wednesday**
5	**Thursday**
6	**Friday**
7	**Saturday**

Notes

_____

_____

_____

_____

_____

_____

_____

_____

_____

_____

_____

_____

_____

September						
S	M	T	W	T	F	S
					1	2
3	4	5	6	7	8	9
10	11	12	13	14	15	16
17	18	19	20	21	22	23
24	25	26	27	28	29	30

November						
S	M	T	W	T	F	S
			1	2	3	4
5	6	7	8	9	10	11
12	13	14	15	16	17	18
19	20	21	22	23	24	25
26	27	28	29	30		

2017

Don't ever sell yourself short. You cannot put a price on yourself.

WEEK 41

(OCTOBER 8—OCTOBER 14)

8	**SUNDAY**
9	**MONDAY**
10	**TUESDAY**
11	**WEDNESDAY**
12	**THURSDAY**
13	**FRIDAY**
14	**SATURDAY**

September

S	M	T	W	T	F	S
					1	2
3	4	5	6	7	8	9
10	11	12	13	14	15	16
17	18	19	20	21	22	23
24	25	26	27	28	29	30

November

S	M	T	W	T	F	S
			1	2	3	4
5	6	7	8	9	10	11
12	13	14	15	16	17	18
19	20	21	22	23	24	25
26	27	28	29	30		

2017

We are often caught up in our own little world that we forget to appreciate the journey, especially the goodness of the people we meet along the way. *Appreciating* one another is a wonderful feeling; therefore, don't overlook it.

Week 42

(October 15–October 21)

15	**SUNDAY**
16	**MONDAY**
17	**TUESDAY**
18	**WEDNESDAY**
19	**THURSDAY**
20	**FRIDAY**
21	**SATURDAY**

September

S	M	T	W	T	F	S
					1	2
3	4	5	6	7	8	9
10	11	12	13	14	15	16
17	18	19	20	21	22	23
24	25	26	27	28	29	30

November

S	M	T	W	T	F	S
			1	2	3	4
5	6	7	8	9	10	11
12	13	14	15	16	17	18
19	20	21	22	23	24	25
26	27	28	29	30		

2017

One thing I firmly believe in is "keeping it real." Be true to yourself, believe in yourself, but be realistic.

_____

_____

_____

_____

_____

_____

_____

_____

_____

_____

_____

WEEK 43

(OCTOBER 22–OCTOBER 28)

22	**SUNDAY**
23	**MONDAY**
24	**TUESDAY**
25	**WEDNESDAY**
26	**THURSDAY**
27	**FRIDAY**
28	**SATURDAY**

September

S	M	T	W	T	F	S
					1	2
3	4	5	6	7	8	9
10	11	12	13	14	15	16
17	18	19	20	21	22	23
24	25	26	27	28	29	30

November

S	M	T	W	T	F	S
			1	2	3	4
5	6	7	8	9	10	11
12	13	14	15	16	17	18
19	20	21	22	23	24	25
26	27	28	29	30		

2017

In the game of life, you can never judge a book
by its cover unless you've read the pages and fully
understand the story.

WEEK 44
(OCTOBER 29–NOVEMBER 4)

SUNDAY 29	
MONDAY 30	
TUESDAY 31	

NOVEMBER

WEDNESDAY 1	
THURSDAY 2	
FRIDAY 3	
SATURDAY 1	

HOLIDAY:
Halloween
(OCTOBER 31)

Mountains are one of God's greatest creations. When I think of them, I think of the peaks and valleys, which also pertains to life's daily adventures. There have been many of those moments in my life, but I've learned through the years how to stay in the "plateau"—try to not get too up or too down and stay even keel.

NOTES

_____

_____

_____

_____

_____

_____

_____

_____

_____

_____

_____

_____

_____

_____

September						
S	M	T	W	T	F	S
					1	2
3	4	5	6	7	8	9
10	11	12	13	14	15	16
17	18	19	20	21	22	23
24	25	26	27	28	29	30

November						
S	M	T	W	T	F	S
			1	2	3	4
5	6	7	8	9	10	11
12	13	14	15	16	17	18
19	20	21	22	23	24	25
26	27	28	29	30		

2017

Everyone is different, and that's what's great about life. If we were all the same, we'd be clones, and that would be boring.

Week 45

(November 5–November 11)

5	**Sunday**
6	**Monday**
7	**Tuesday**
8	**Wednesday**
9	**Thursday**
10	**Friday**
11	**Saturday**

NOTES

October						
S	M	T	W	T	F	S
1	2	3	4	5	6	7
8	9	10	11	12	13	14
15	16	17	18	19	20	21
22	23	24	25	26	27	28
29	30	31				

December						
S	M	T	W	T	F	S
					1	2
3	4	5	6	7	8	9
10	11	12	13	14	15	16
17	18	19	20	21	22	23
24	25	26	27	28	29	30
31						

2017

"The Shallow versus the Deep": Friendships take on one or the other. The ones in the "shallow end" stay grounded and don't take any chances for you, whereas the ones in the "deep end" will tread water with you, especially through the tough tides in life.

Week 46

(November 12–November 18)

12	**Sunday**
13	**Monday**
14	**Tuesday**
15	**Wednesday**
16	**Thursday**
17	**Friday**
18	**Saturday**

Notes

_____
_____
_____
_____
_____
_____
_____
_____
_____
_____
_____
_____
_____
_____

Holiday:
Veteran's Day
(November 13)

Everyone needs to learn to forgive, but you need to never forget as well. Move on and get past things, but keep the experience tucked into the back of your subconscious..

October						
S	M	T	W	T	F	S
1	2	3	4	5	6	7
8	9	10	11	12	13	14
15	16	17	18	19	20	21
22	23	24	25	26	27	28
29	30	31				

December						
S	M	T	W	T	F	S
					1	2
3	4	5	6	7	8	9
10	11	12	13	14	15	16
17	18	19	20	21	22	23
24	25	26	27	28	29	30
31						

2017

"Be selfless, not selfish."

_____

_____

_____

_____

_____

_____

_____

_____

_____

_____

_____

_____

WEEK 47
(NOVEMBER 19–NOVEMBER 25)

19	**SUNDAY**
20	**MONDAY**
21	**TUESDAY**
22	**WEDNESDAY**
23	**THURSDAY**
24	**FRIDAY**
25	**SATURDAY**

HOLIDAY:
Thanksgiving
(NOVEMBER 23)

Convey a positive attitude at all times with family, friends, and everyone you encounter in life. Be caring, sharing, thoughtful, thankful, and respectful. Learn to love and appreciate everyone and everything.

October

S	M	T	W	T	F	S
1	2	3	4	5	6	7
8	9	10	11	12	13	14
15	16	17	18	19	20	21
22	23	24	25	26	27	28
29	30	31				

December

S	M	T	W	T	F	S
					1	2
3	4	5	6	7	8	9
10	11	12	13	14	15	16
17	18	19	20	21	22	23
24	25	26	27	28	29	30
31						

2017

"Imperfections make us all uniquely original."

Week 48

(November 26–December 2)

26	**Sunday**
27	**Monday**
28	**Tuesday**
29	**Wednesday**
30	**Thursday**
December	
1	**Friday**
2	**Saturday**

NOTES

_____
_____
_____
_____
_____
_____
_____
_____
_____
_____
_____
_____

November						
S	M	T	W	T	F	S
			1	2	3	4
5	6	7	8	9	10	11
12	13	14	15	16	17	18
19	20	21	22	23	24	25
26	27	28	29	30		

2017

"Don't get 'too up,' don't get 'too down.' Find the 'gray' between the 'black and white.'"

Week 49

NOTES

3	**SUNDAY**
4	**MONDAY**
5	**TUESDAY**
6	**WEDNESDAY**
7	**THURSDAY**
8	**FRIDAY**
9	**SATURDAY**

November

S	M	T	W	T	F	S
			1	2	3	4
5	6	7	8	9	10	11
12	13	14	15	16	17	18
19	20	21	22	23	24	25
26	27	28	29	30		

2017

"I care, therefore I share."

_____

_____

_____

_____

_____

_____

_____

_____

_____

_____

WEEK 50
(December 10—December 16)

SUNDAY 10	
MONDAY 11	
TUESDAY 12	
WEDNESDAY 13	
THURSDAY 14	
FRIDAY 15	
SATURDAY 16	

NOTES

_____
_____
_____
_____
_____
_____
_____
_____
_____
_____
_____

November

S	M	T	W	T	F	S
			1	2	3	4
5	6	7	8	9	10	11
12	13	14	15	16	17	18
19	20	21	22	23	24	25
26	27	28	29	30		

2017

"I firmly believe that God sends 'signs' by having certain people cross our paths in life for a reason: to help save and heal one another's hearts and souls."

_____

_____

_____

_____

_____

_____

_____

_____

_____

_____

WEEK 51
(DECEMBER 17–DECEMBER 23)

17	**SUNDAY**
18	**MONDAY**
19	**TUESDAY**
20	**WEDNESDAY**
21	**THURSDAY**
22	**FRIDAY**
23	**SATURDAY**

November

S	M	T	W	T	F	S
			1	2	3	4
5	6	7	8	9	10	11
12	13	14	15	16	17	18
19	20	21	22	23	24	25
26	27	28	29	30		

2017

Always have one another's back, always be there for others on their toughest days to pick them up, inspire and motivate them, and always hope and pray for the best for everyone.

Week 52
(December 24–December 30)

24	**SUNDAY**
25	**MONDAY**
26	**TUESDAY**
27	**WEDNESDAY**
28	**THURSDAY**
29	**FRIDAY**
30	**SATURDAY**

HOLIDAY:
Christmas
(December 25)

The world we live in today is not easy. Meet your challenges head-on and always do your best. Just saying "I can" instead of "I can't" can motivate something deep down we all have: a *heart*. It sometimes rules our minds, but it's the one thing that gives us the inspiration we all need to be all we can be.

November						
S	M	T	W	T	F	S
			1	2	3	4
5	6	7	8	9	10	11
12	13	14	15	16	17	18
19	20	21	22	23	24	25
26	27	28	29	30		

2017

"You cannot help anyone, unless you help yourself first."

Week 1 of 2018

(December 31)

31	SUNDAY

November

S	M	T	W	T	F	S
			1	2	3	4
5	6	7	8	9	10	11
12	13	14	15	16	17	18
19	20	21	22	23	24	25
26	27	28	29	30		

2017

Printed in the United States
By Bookmasters